VENTE LE 4 FÉVRIER 1868

TABLEAUX ANCIENS

COMMISSAIRE-PRISEUR :
Mᵉ Philippe LECHAT
Rue Saint-Lazare, nᵒ 64.

EXPERT :
M. E. FÉRAL, Peintre
Rue de Buffault, nᵒ 23.

PARIS — 1868

RENOU ET MAULDE

IMPRIMEURS DE LA COMPAGNIE DES COMMISSAIRES-PRISEURS

Rue de Rivoli, 144

CATALOGUE

D'UNE JOLIE COLLECTION

DE

TABLEAUX

PRINCIPALEMENT

DE L'ÉCOLE FRANÇAISE & DE L'ÉCOLE HOLLANDAISE

Un LANCRET de la plus belle qualité

CHARDIN, MOREAU, TAUNAY

Un beau Portrait de GERRITZ CUYP

Un superbe RIBERA

VENTE A L'HOTEL DROUOT, SALLE N° 4

Le Mardi 4 Février 1868

A DEUX HEURES

EXPOSITION PUBLIQUE

Le Lundi 3 Février 1868, de une heure à cinq heures.

<table>
<tr><td>COMMISSAIRE-PRISEUR :</td><td>EXPERT :</td></tr>
<tr><td>M Philippe LECHAT</td><td>M. E. FÉRAL, Peintre,</td></tr>
<tr><td>Rue Saint-Lazare, 64.</td><td>Rue de Buffault, 23.</td></tr>
</table>

PARIS — 1868

Plusieurs de ces Tableaux, venant de l'étranger, n'étant pas arrivés à Paris avant l'impression du Catalogue, nous n'avons pu donner que les noms des Maitres et des titres sommaires.

CONDITIONS DE LA VENTE

Elle sera faite au comptant.

L'Adjudicataire paiera CINQ POUR CENT en sus de l'enchère.

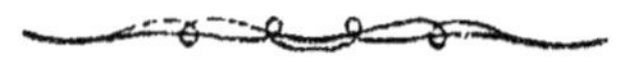

DÉSIGNATION

DES

TABLEAUX

———

ALBRIER (Joseph).

1 — Daphnis et Chloé. Esquisse.

BACKHUISEN (Ludolf).

2 — Marine.

BERRÉ (J.-B.).

3 — Dans un bateau, un homme, une femme et une vache. Au premier plan, des canards. A gauche, près d'une chaumière, deux petits paysans. Cette peinture paraît avoir été faite d'après un tableau de Jan Victor.

BEYEREN (Abraham van).

4 — Poissons de mer. Un crabe, une raie, des soles, une tranche de saumon, posés sur une table.

BIDAULD (J.-J.-X) et SWEBACH (J.-F.-J.)

5 — Vue du Pirée à Athènes. En avant, sur le quai, une charrette, un cavalier, des paysans, des animaux. Le paysage est de Bidauld, les figurines et les animaux sont de Swebach.

BRAY (Salomon de), de Haarlem.

6 — Portrait de jeune Fille, en buste. Chapeau à plumes, robe feuille-morte. Signé en toutes lettres et daté 1646.

BREEMBERG (Bartolome).

7 — Une Chasse. Dans un fin paysage, plusieurs chasseurs à cheval poursuivent un cerf. A droite, un rocher.

CABEL (A. van der).

8 — Marche d'animaux, dans un paysage italien. A droite, une fontaine,

CABEL (A. van der).

9 — Pendant du précédent. Au milieu, une paysanne sur un cheval blanc. Au fond, un obélisque.

CARRÉ (Michel)

10 — Repos d'animaux dans un paysage. A droite, des bergers, près d'une cabane. Au milieu, une vache blanche, debout, une vache rousse, couchée, une ânesse, des moutons et des chèvres. Fond de rochers. Paysage italien, avec des montagnes. Signé et daté.

CASANOVA (François).

11 — Paysage et Animaux.

CHAMPAIGNE (Philippe de) (Attribué à)

12 — Portrait d'un jeune Évêque debout et feuilletant un livre posé sur une table. Il porte un camail bleu et un surplis garni de guipures. Figure de grandeur naturelle, vue jusqu'aux genoux.

CHARDIN (Siméon).

13 — Sur une table de pierre, trois œufs, un poulet plumé, un fromage entamé, une cafetière verte en terre vernie, un chaudron de cuivre rouge et une poivrière. A un crochet sont pendus une raie et une botte d'oignons. — Ce tableau, d'une couleur magique et du relief le plus étonnant, porte la signature de l'artiste et la date 1728, année de sa réception à l'Académie.

CHARDIN (Siméon).

14 — Sur une table de pierre, des poireaux, un chaudron, une cafetière en terre vernie rouge, une marmite, un linge, des oignons. — Pendant du précédent. Ces deux tableaux, du meilleur temps du maître, sont dans leurs cadres de l'époque, en bois sculpté.

CRAESBEECK (Joost van).

15 — Les Malheurs de la guerre. Des soldats envahissent la demeure de paysans. Six figures. Belle couleur.

CRESPI (Joseph-Marie).

16 — Querelle entre plusieurs musiciens ambulants. Cinq personnages bizarres.

CUYP (Jacob Gerritz), père d'Albert.

17 — Portrait d'Adriana Pannier. Large collerette empesée, costume de soie noire brochée. Buste de grandeur naturelle. Signé en toutes lettres et daté 1644. Chef-d'œuvre de correction et de modelé.

DE HEEM (Cornelis).

18 — Un Verre à pied, un jambon sur un plat d'argent, des abricots, des pêches, du raisin, sont groupés sur une table.

DENNER (École de).

19 — Portrait d'une Femme âgée.

DETROY (Jean-François).

20 — Saint Paul guérissant un malade. Figures de grandeur naturelle. Superbe étude.

DE WITTE (Gaspar).

21 — Paysage avec rochers. Sur le premier plan, un homme cause avec une femme.

DIETRICH (C. W. E.).

22. — Les Plaisirs champêtres. Dans un joli paysage, un jeune seigneur, sous le costume d'un Gille, fait la cour à deux jeunes femmes : l'une, en corsage violet et jupe de satin vert, tient un éventail ; l'autre a une robe lilas. Au milieu, une jeune femme, en robe de soie orange, est en conversation intime avec un jeune seigneur. Au second plan, un jeune homme et une jeune femme se disposent à faire une promenade au bord de l'eau. A gauche, un chien ; à droite, une chèvre et quelques moutons. Ce tableau est d'un coloris brillant et vigoureux dans la manière de Vatteau.

DOES (J. van der).

23 — Moutons dans un paysage. Une petite paysanne trait une brebis. En avant, un chien couché. Fond de paysage accidenté, avec des édifices sur une colline.

DYCK (Anton van).

24 — Saint Sébastien. Esquisse en grisaille pour le tableau gravé par van Schuppen. Catalogue de Smith, n° 337.

FERGUSON (William).

25 — Oiseaux morts. Un geai et des alouettes.

FERGUSON (William).

26 — Une perdrix grise et une bécasse. Pendant du
précédent.

FLINCK (Govert).

27 — Jeune femme tenant dans ses mains une lettre.
Elle a les cheveux blonds, des boucles d'oreille
avec perles; sa chemise tombante laisse voir ses
épaules. Figure de grandeur naturelle, à mi-corps.
Couleur dorée et modelé très-délicat. Cette belle
peinture se rapproche beaucoup de Rembrandt.

FOSSE (Charles de la).

28 — Thétis fait présent à son fils Achille des armes
et du bouclier qui doivent lui servir au siége de
Troie. Un manteau bleu couvre en partie la cui-
rasse d'Achille. Thétis, légèrement posée sur des
nuages, lui montre le bouclier que portent plu-
siéurs petits Amours. Jolie esquisse dans la manière de van Dyck.

FRANCKEN (Frans) le jeune.

29 — Intérieur.

GAINSBOROUGH (Thomas).

30 — Portrait d'homme (le capitaine Cook ?). Il est
tourné vers la gauche. Buste, grandeur naturelle.
Cheveux poudrés, cravate blanche, habit rou-
geàtre. Très-correct de dessin et très-fin d'ex-
pression.

GARNIER (M).

31 — Jeune musicienne. Dans un appartement de style Louis XVI, une jeune femme étendue sur un canapé pince de la guitare; un cahier de musique est ouvert près d'elle. A droite, une cheminée sur laquelle sont un vase de fleurs, un flacon de cristal, des fleurs de souci dans un vase de verre bleu. Devant la cheminée, un petit tabouret à pieds cannelés; à gauche, une table sur laquelle un livre et un chapeau à plumes. Signé et daté 1797. Ce joli petit tableau d'un maître très-rare, tient le milieu entre Melle Gérard et Boilly.

GILLOT (Claude).

32 — Un Bal. Dans un salon, assemblée de personnages richement costumés : des dames assises, des gentilshommes debout. A droite, arrivent en dansant un homme et une femme. En avant, une console et des vases ciselés.

GOYEN (Jan van).

33 — Le Fort. Sur le bord d'un fleuve, un fort armé de canons et gardé par des soldats. Signé du monogr. et daté 1647. Gravé par Jan van de Velde, ami de van Goyen.

GRYEFF (Anton) le vieux.

34 — Oiseaux morts. Sur une table de pierre, un pivert, un moineau, un pinson, un bouvreuil. Deux autres oiseaux sont pendus par les pattes. Fond avec draperies.

GRYEFF (Anton) le vieux.

35 — Des Oiseaux sur une table couverte d'un tapis
oriental. Un fusil est posé en travers. Dans le
fond, une niche où sont étalés d'autres oiseaux.
A gauche, une draperie sur laquelle se détache
un pivert pendu par le bec. —Pendant du précédent. Ces deux tableaux signés en toutes lettres
sont de la plus belle époque du maître.

GRYEFF (Adrien) le jeune.

36 — Fruits et gibier. Sur une table couverte d'un
tapis d'Orient, des perdrix et autres oiseaux, des
fruits, pêches, raisins et grenades, dans un plat
d'argent.

GRYEFF (Adrien) le jeune.

37 — Des Fruits et des oiseaux sur une table. Une
perdrix est pendue par la patte. — Pendant du
précédent. En bas de ces deux tableaux très-
finement peints, on voit des bas-reliefs.

JOHANNOT (Alfred).

38 — Déclaration d'amour.

JOHANNOT (Alfred).

39 — Le Baiser. — Pendant du précédent. Signés.

KESSEL (Jan van) d'Anvers.

40 — Des Poissons.

KESSEL (Jan van) d'Anvers.

41 — Des Oiseaux.

KEYSER (Theodor de).

42 — Portrait d'Homme, tête nue, collerette plissée. tombante, costume noir. Buste ovale. Ancienne bordure d'ébène.

LOUTHERBOURG (Philippe-Jacques).

43 — Le Christ sur la montagne.

LAJOUE (J.).

44 — Vue d'un Jardin. Au milieu, une fontaine entourée de charmilles; à gauche, un escalier monumental, avec jet d'eau. Sur un banc, aux pieds d'une statue, une jeune femme assise tient sur ses genoux un livre ouvert; à droite, un paysage avec escalier tournant et vase de marbre.

LANCRET (Nicolas).

(Sujet tiré des Contes de La Fontaine).

45 — Nicaise. A droite, dans un gracieux paysage, une jeune femme, en robe de soie blanche, un bouquet de mariée au corsage, des fleurs dans les cheveux; à gauche, un jeune homme, l'air agité, porte un tapis sur son bras. On aperçoit dans le fond la terrasse d'un château; à droite, une suivante vue à mi-corps. Ce ravissant petit tableau, du meilleur temps du maître, a été gravé par Larmessin.

Provenant de la collection du prince Radzivill.

LARGILLIÈRE (Nicolas).

46 — Portrait de Femme assise et tenant à la main une lettre. Manteau de velours rouge, richement drapé. Fond de paysage.

MAAS (Dirk).

47 — Bataille.

MAES (Nicolas).

48 — Portrait de jeune Femme, le coude appuyé sur une console, le bras gauche croisé sur le bras droit. Cheveux chatains, tombant en boucles sur le cou. Grande écharpe feuille morte.

MENGS (Raphael).

49 — Portrait du physicien Volta.

MICHEL (G.).

50 — Paysage. A gauche, sur un monticule, plusieurs personnages. Quelques arbres d'un ton vigoureux se détachent sur un ciel brillant. A droite, un lointain.

MIEL (Jan).

51 — Herminie chez les bergers. A la porte d'une grande chaumière où un vieillard est assis, arrive Herminie armée et casquée. Un page tient son cheval au second plan; à droite, une vache et des moutons. Exécution libre et magistrale.

MIGNARD (Pierre).

52 — Portrait de Dame, costume du temps de Louis XIV. Buste de grandeur naturelle.

MOLYN (Pieter).

53 — Le Chariot. Quatre personnages dans un chariot attelé de deux chevaux et passant sur un pont. Signé du monogr. P. M.

MOREAU (Louis) l'aîné

54 — La Chaumière. Au milieu, une chaumière ; à gauche, une petite rivière dont la source se perd dans un fourré d'arbres. Au premier plan, parmi des plantes aquatiques, un tonneau à demi renversé et un bateau dans lequel est une femme en corsage rouge. Au second plan, un pont que traversent un homme et un enfant. La signature de l'artiste et la date 1779 sont en bas, à gauche, dans un admirable fouillis de fleurs. Rien de plus spirituel et de plus gracieux que ce paysage où l'on retrouve tout le charme de la nature.

MONOGRAMME A. M.

55 — Des Fleurs, roses, lys, marguerites, coquelicots, etc., dans un verre. — Deux pendants.

NASMYTH (Patrick), d'Edimburg.

56 — Petit paysage, très-fin.

NEEFS (Peter).

57 — Intérieur d'église. Figurines par D. Teniers.

PULIGO (Domenico).

58 — La Vierge et l'enfant Jésus qui embrasse saint Jean. Figures presque de grandeur naturelle. Fond d'architecture et de paysage.

RAOUX (Jean).

59 — Vestale. Une toute jeune fille, sous le costume d'une vestale et couronnée de fleurs blanches, entretient le feu dans un temple de Vesta.

RIBERA (Giusepe).

60 — Saint André. L'épaule droite et la moitié du torse sont nus. Sur l'épaule gauche, un ample manteau. La main droite tient un poisson. Grande et superbe figure, vue jusqu'aux genoux. Belle qualité de Ribera.

RIGAUD (Hyacinthe).

61 — Portraits d'une jeune fille et d'un jeune garçon symbolisant la Chasse. La jeune fille, assise, caresse une levrette; le jeune garçon, debout, carquois sur l'épaule, tient de sa main droite un arc. Figures entières, de grandeur naturelle. Gracieuse peinture.

SAVERY (Roland).

62 — Paysage avec des rochers. Ovale.

SON (Joris van).

63 — Guirlande de fruits. Des grappes de raisin, des abricots, des fraises, des prunes et des noisettes sont attachés ensemble par un ruban passé dans un anneau.

SWEBACH (J.-F.-J).

64 — Des Cavaliers. — Beau dessin.

TAUNAY (Nicolas-Antoine).

65 — Le Frappement du rocher. A droite, Moïse, la baguette à la main, frappe le rocher d'où jaillit l'eau ; le peuple se précipite vers cette eau qui doit le rendre à la vie. Sur le premier plan, une femme porte une cruche, un vieillard agenouillé remercie Dieu, un homme vu de dos tient un enfant dans ses bras. Ce tableau, exposé en 1824, est cité dans le *Dictionnaire des Artistes*, de Ch. Gabet.

VALLIN.

66 — Bacchantes et Amours. Dans un délicieux paysage avec rochers et cascades, cinq jeunes bacchantes ; une d'elles, nue et assise sur une peau de tigre, joue avec un petit Amour ; une autre lui apporte une coupe remplie de vin ; une troisième, accroupie, les jambes couvertes d'une draperie rouge, tient un vase ; une quatrième joue des cymbales. Ce joli petit tableau, provenant de la vente Boitelle (n. 128 du catalogue), porte la signature de l'artiste et la date 1795.

VICTOR (Jan).

67 — Portrait de Saskia Uylenburg, femme de Rembrandt. Buste de grandeur naturelle. Riche costume. Peint dans l'atelier de Rembrandt vers 1640. Superbe peinture.

WEENIX (Jean-Baptiste), attribué à.

68 — La Marchande de fruits. Paysage italien, avec fontaine, ruines, vases de marbre, bas-reliefs. Au milieu, la marchande de fruits. A sa gauche, plusieurs personnages. D'autres figures animent le tableau aux divers plans. Fond avec des collines. Ciel vaporeux.

69 — Sous ce numéro seront vendus quelques tableaux non catalogués.

Renou et Maulde, Imprimeurs de la Compagnie des Commissaires-Priseurs, rue de Rivoli, 1 44.   10911

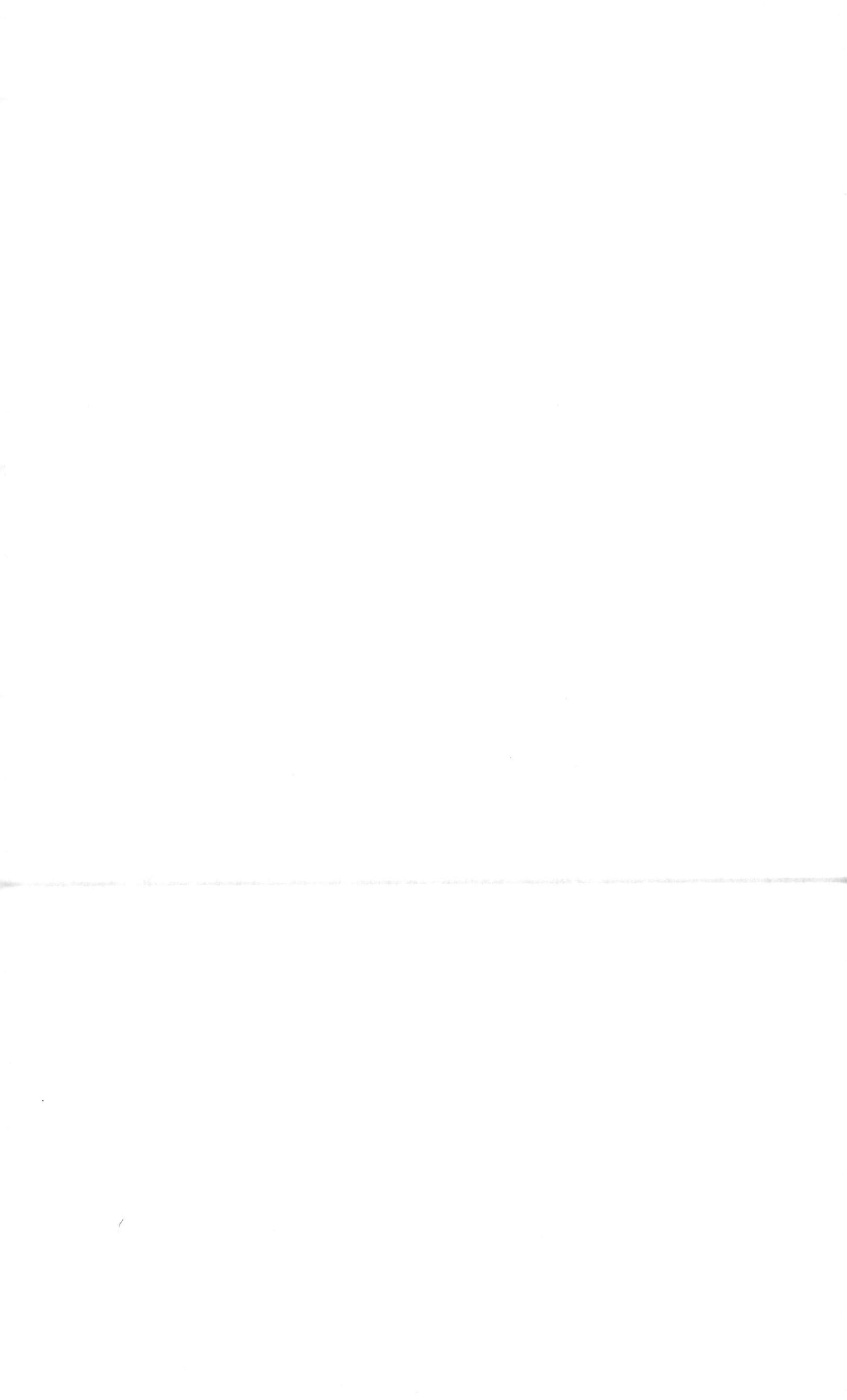